*La belleza es verdad y la verdad belleza.*
*Es todo lo que necesitas saber en la tierra.*

John Keats

*Senté*
*a la belleza*
*para injuriarla,*
*pero ebria y sorda se ha dormido*
*en mis rodillas.*

Tomás Salvador González

*Dirección editorial:* Héctor Escobar
*Director de la colección:* Gustavo Martín Garzo
*Fotografía de cubierta:* José Ramón Vega
*Diseño de la colección:* Miguel Riera
*Maquetación:* Alberto R. Torices

ISBN: 979-13-87753-71-9
Dep. Legal: Le. 9-2026
Impreso en España — Printed in Spain

Concha García

# La belleza de
# la palabra poética

De la belleza (34)

Concha García

# La belleza de
# **la palabra poética**

EOLAS EDICIONES

# ÍNDICE

Un día lejano de mi infancia, no creo que tuviese más de ocho años, caminaba junto a mis padres, debíamos ir a alguna oficina para tramitar los papeles que nos hacían titulares de un piso concedido por el Patronato de la Vivienda en Barcelona. Nos habíamos instalado en un barrio nuevo dadas las precarias condiciones de nuestra anterior vivienda como inmigrantes que habíamos llegado de la provincia de Córdoba. La alegría con la que hablaban mis padres de la noticia se ensombreció cuando oí decir a mi madre: sí, pero es una desgracia. Me pregunté qué era una desgracia y así lo manifesté en voz alta. Ellos no supieron qué responder. Con los años supe que la desgracia a la que se referían estaba relacionada con alguna enfermedad de un pariente. También era una desgracia tener que irse de tu lugar de origen a otra ciudad o a otro país, esa era una desgracia que ha ido creciendo con los años. Aquella palabra debió de causar en mí un efecto profundo, ya que en el futuro me fueron atrayendo situaciones relacionadas con la desgracia sin que esta me afectase como a otras personas *muchísimo* más desgraciadas por haber nacido en un país u otro. Era la curiosidad y quizás la manera en la que se manifestó aquella palabra descontextualizada de mi realidad que iba a dejarme un buen estímulo para investigar en las palabras que fueron apareciendo a lo largo de mi vida.

¿Qué era la poesía? ¿Para qué servía? Algunas tardes me iba con una casete al campo, tendría unos quince años, y me ponía a escuchar la voz de un poeta catalán llamado Josep Maria Andreu:

> Arbre que estàs sol
> vinc a fer-te companyia.
> Arbre que ets consol
> d'un carrer sense alegría
> arbre que has comprès
> que si no hi ha res
> al carrer dels pobres
> has de dar el teu verd (…)

Me echaba sobre la hierba y aquella soledad que sentía iba llenándose de las palabras de aquel poeta. Me hacían compañía.

La adolescencia es una edad interesante porque el yo está herido permanentemente y la necesidad de ser comprendida es apabullante. La poesía comenzó a ser un refugio en aquella vida que se avecinaba como una partitura ya escrita. Era cuestión también de desobedecer.

Palabras encontradas en poetas que me gustaban fueron enredándose en la manera de sentir la vida y comencé a sentirla como algo propio, pero desgajado, una especie de vida poética que me iba a acompañar con intermitencias en el futuro. Recuerdo que mi madre nos despertaba con un romance: «Levantarse, feligreses / y cumplir con vuestra ley / que no se merece el rey / lo que vos os merecéis».

¿Qué era un rey? ¿feligrés, qué quería decir? La lengua iba dejando su huella en una conciencia que no sabía nada de aquellas palabras y que poco a poco también iban a marcar un rastro y la posterior manera de mirar y de juzgar.

Decía Roland Barthes que no somos más que

una sucesión de estados discontinuos con respecto al código de los signos cotidianos sobre el cual la fijeza del lenguaje nos engaña.

Sin más escuela poética que los romances mañaneros de mi madre comencé a sentir los poemas como una manera de relacionarme con la soledad. Todo lo que no podía decir, que era mucho, estaba fijado en las palabras escritas formando nudos de significaciones, toboganes de certezas, espejos poliédricos de estados de ánimo diversos. Como de los que me adueñé cuando descubrí a Fernando Pessoa. Un vocabulario en lengua portuguesa no demasiado difícil de comprender pero facilitado por traducciones de otros poetas. «Todo lo que sucede donde vivimos es en nosotros donde sucede. Todo lo que vea en lo que vemos es en nosotros donde cesa. Todo lo que ha sido, si lo vivimos cuando era es de nosotros de donde ha sido quitado al partir». Sintiendo su léxico en carne propia, me hice cómplice de palabras como *tabaquería*, la cual me gustaba más que la insulsa *estanco*. Me hacía pensar la expresión «cartas de amor», se trataba de un poema muy conocido y tan sugerente que ridiculizaba las cartas de amor que él no escribiría. Sus odas interminables a las máquinas, cargadas de onomatopeyas. Pero lo que más me gustaba era hacer cola en un pequeño bar cerca de la plaza de Rossio donde servían *Ginjinha*, un licor de cereza amarga que tomaba el poeta portugués con frecuencia, según pude averiguar leyendo su poesía y visitando Lisboa en los años ochenta cuando todavía no estaba tomada por el turismo masivo.

Imitaba sus poemas porque quería ser él, capturar su mirada, su forma de darme ideas mediante su metafísica estoica. Y percibía aquellas palabras de sus poemas en mi alma, que era mucho más que sentirlas en el cuerpo. «¿Sientes, como Hamlet, pavor a lo desconocido?/ Pero ¿qué es lo conocido? ¿Qué es lo que conoces/ para que llames desconocida a cualquier cosa en especial?» La poesía era también un asunto filosófico.


Paseaba por las calles buscando un no sé qué, como lo que buscaba San Juan de la Cruz, y tantos otros poetas, eso que no se nombra pero que se sabe. Todas las palabras me convocaban a ser des-veladas en sus múltiples asociaciones de raíces y significados.

Sin darme cuenta, los romances mañaneros de mi madre habían penetrado en mí como las lenguas de fuego de la fiesta cristiana de Pentecostés.

Pero ¿qué era la palabra? ¿Un sonido? ¿Un eslabón de una cadena que viene desde el principio de los tiempos? ¿El ritmo que atraviesa los siglos en cada lengua? ¿El espacio que recorre quien busca? ¿Qué se busca? En cada intervalo de tiempo hay algo nuevo que se convierte en hoja caída al instante siguiente. Muchas metáforas nos han cubierto de significaciones quizás para que aplaquemos la angustia del paso del tiempo al permitirnos pensar de otra manera a la establecida por la religión. Las palabras curan, lo sabemos quienes hemos ido a sesiones psicoanalíticas durante bastante tiempo, pero no pueden asegurarte que no se reproduzca la herida, por lo tanto ¿es la palabra la cura para la herida?

Todo eso me lo pregunto caminando o en casa, mientras preparo una comida o paso la aspiradora. En la mayoría de mis poemas no se separa la acción de pensar con la de actuar. El poema es la simetría entre una cosa y otra. Es la palabra y su reverso, palabra que proviene del latín *reversus*, participio del verbo *revertere*. Alude a la parte opuesta de algo, especialmente lo que está al dorso o detrás. Pero a mí me sugiere algo más, se trata de pensar el verso dos veces, o repetir una escena cuando te abres paso con la escritura, o volver a vivir con la imaginación secuencias irreverentes o imposibles, o revertir la experiencia, hacerla sonar, espaciarla, sentirla de nuevo, cada vez que se lea, acontecer nuevamente.

En realidad lo que se recibe en la escritura es algo que sabes y a veces pone en líneas gruesas en la Historia para que no sean olvidadas.

Hay un poema elocuente, bello, como toda la poesía de Luis Cernuda que comienza diciendo: «Así como en la roca nunca vemos/ la clara flor abrirse», nos desvela la crueldad de las guerras fraticidas. El poeta sabe cómo manejar las palabras y convertirlas en certezas y este poema dedicado al crimen de otro poeta, Federico García Lorca, nos ofrece un elocuente retrato del odio. Dejo este fragmento como muestra:

Leve es la parte de la vida
que como dioses rescatan los poetas.

El odio y destrucción perduran siempre
sordamente en la entraña
toda hiel sempiterna del español terrible,
que acecha lo cimero
con su piedra en la mano (…)


Las palabras transmiten ideología, eso lo sabemos. También es cierto que el discurso mientras más plano sea y más apele sobre todo a sentimientos es más eficaz (no hay más que oír a tantos políticos y opinadores, periodistas e *influencers*). A menos contenido metafórico, menos capacidad de pensamiento porque sencillamente la pérdida de palabras con sus matices y polisignificados encoge la capacidad de pensar.

Como dice el lingüista y poeta peruano Mario Montalbetti, «La sociedad moderna, el capitalismo, se caracteriza por la fragmentación de todas las cosas y por la destrucción de todo vínculo con el pasado y con lo esencial, si le estorba».

La complejidad que nos ofrece una metáfora se puede ilustrar con otra. Sería como añadir a la mente aplicaciones nuevas, imaginándome que el cerebro es un espacio virtual donde cabe todo lo que le vas añadiendo. Siempre será mejor que seas tú misma quien elija la palabra.

La poesía puede ayudar bastante. Pero para ello hay que lanzarse por la torrontera de algunas cuestiones que son imprescindibles. Por cierto, yo jugaba en la torrontera del barrio, es decir, en un terraplén inclinado donde lo difícil era sostenerse, ya que vivíamos en barrios que iban tomando al territorio espacio para construir nuevos bloques de pisos. Para mí la palabra aquella era símbolo de estar en equilibrio en un lugar difícil. Miro en el diccionario para ver si la idea que tengo de aquellas escenas de la infancia se corresponden con lo que dice la Real Academia: «Montón de tierra que dejan las avenidas impetuosas de las aguas». No es exactamente así.

Los poemas no deberían carecer de grandes secuencias imaginadas y para eso estaban los clásicos: Góngora, Sor Juana Inés de la Cruz, Garcilaso, Quevedo, Milton, Dante, Horacio… No me gustaban los poemas que solo hacían referencia a estados anímicos o los demasiado trabajados estilísticamente, tan perfectos, artefactos técnicamente impecables pero sin una chispa que te emocione.

La imaginación te hace viajar, eso lo averiguaría también con la poesía. Pero antes, en ese tránsito de aprendizaje y curiosidad, hubo algunas barreras que había que saltar, quizás por eso escribí poemas donde se mezclaban palabras de origen árabe con otras mucho más clásicas, como *lanzas enhiestas*. Y es que no dudaba en añadir todo lo que había oído a mis poemas, que trataban de configurar autorretratos de una joven que estaba deseando verse reflejada en espejos de palabras desobedientes. ¿Cómo? Saltando sintácticamente de un intervalo del verso a otro, rompiendo el orden de la frase, encabalgando pensamientos y palabras. Algunas expresiones llegaban a ser enigmáticas sin proponérmelo, como: *Cuando surge de broches y maquetas es aún silenciosa, turulata y cambiante.*

O bien se me ocurría escribir después de aquellas dosis de clásicos leídos a la hora de la siesta o trasladándome en autobús para ir al trabajo.

Ya he vendido los volantes y las ramplonas medias
pedíame un comerciante en su ración de precio
dos doblones y una escafandra, pero labio inferior

semiovalado mío díjole que no, que tanto no es el
    precio
que solitaria yo los saco del baúl para que no sean
    míos.


Ponía en cuestión la vestimenta femenina con la que nos encorsetó la historia a las mujeres: *los vendí por dos doblones y una escafandra*. Eran palabras que se me ocurrían gracias a la imaginación y a todo aquel caudal de lecturas que se iba deslizando por mi vida. Simultáneamente se iban haciendo sitio reivindicaciones por el hecho de ser mujer entre los poemas y la subjetividad, algo tan poco valorado si eras una mujer. La mayoría de las representaciones literarias sobre subjetividades venían de afuera y se trataba de buscar un adentro, de saltar la valla de los condicionantes para liberar a las palabras de mi cárcel.

¿No era acaso cierto que San Juan de la Cruz escribió la mayor parte del *Cántico Espiritual* en la cárcel de Toledo entre diciembre de 1577 y agosto de 1578, fecha en la que sale huyendo de la prisión? El resto del poema lo terminó en Baeza, finalizándolo en Granada. No importa el lugar para que la palabra llegue tras ser buscada.

*Gabardineo*, ese vocablo me gustaba mucho. Una gabardina moviéndose alrededor de alguien a quien cortejas, «cómo gabardineo al saber si sabrá adoración tan lastimera». La seducción no era devuelta como objeto amoroso, sino que se frustraba el deseo y me hacía sentir cierta desgracia. Recordemos la palabra *desgracia* que se iba volcando en todo lo que me rodeaba. Y los poemas iban a ofrecer un territorio jugoso para ello.

Cuando leí *Desgracia impeorable* de Peter Handke. Aquella historia del suicidio de su madre no me concernía directamente, pero... de alguna manera sí. Se trataba del suicidio de una mujer. Las razones no las conocía, pero el hecho de que fuese una mujer me afectaba. «Nacer mujer en un mundo así es ya de antemano algo mortal... / Salir, bailar, divertirse, hacer bromas: el miedo a la sexualidad se lo disfrazaba así: "de todos modos no me gustaba ninguno". El trabajo, la diversión, sentirse bien, sentirse mal. Por la radio, Hitler tenía una voz agradable». El texto iba des-velando las zonas oscuras, la parte oculta, el reverso de toda situación ideal cuando se trata del suicidio de una madre o cualquier otro tipo de desgracia.

Por otra parte, era divertido imaginar escenas entre dos mujeres, por ejemplo, jugar con las ambivalencias de la identidad, trocear los mandatos es lo que más me gustaba de la capacidad poética. Sentarse en un banco del barrio y leer a Garcilaso de la Vega hasta que las imágenes de «Quién me dijera, Elisa, vida mía», ese verso de la Égloga Primera entró en mí dándome una energía parecida a tener una interlocutora con quien debatir de poesía en los paseos solitarios. Aquella Elisa era el poema, era la encarnación de una mujer que significaba todo lo que el mundo poético del Renacimiento idealizaba y me encantaba recitarlo en voz alta.

> ¿Quién me dijera, Elisa, vida mía,
> cuando en aqueste valle al fresco viento
> andábamos cogiendo tiernas flores,
> que había de ver con largo apartamiento
> venir el triste y solitario día
> que diese amargo fin a mis amores?

Quise responderle a Garcilaso después de una clase de literatura en la Universidad de Barcelona, desde un bar del barrio del *Raval*, sentada delante de una copa de vino.

Que me regale la hebra de remolino de viento
ya que acostumbra a ponérsele sobre mentolada
cristalera, o que se acuse multiplicada y divinice
todo lo trágico de la trompeta Armstromgiana.
Yo la destituyo ahora mientras maldigo
perra instinto codicia en la entrepierna
con movimiento diástole.

No hace falta decir que incluso en los momentos más bajos de un estado de ánimo, siempre que adoptase una manera poética de mirar, la vida pasaba como una gracia. Sentirse viva sin sombras pesimistas acerca de la enfermedad es algo de lo que yo no era consciente siendo joven. La palabra *gracia* se abría para significar un don que posee algo o alguien, pero no era el reverso de la *desgracia*, aquella cuyo significado desconocía y poco a poco fui comprendiendo sintiéndola.

Muchas mañanas me levantaba con una palabra rondando en mi pensamiento después de haber leído la noche anterior, anotaba la palabra en mi cuaderno a la espera de que saltase la chispa aunque no tuviese ni idea del camino que iba a tomar aquella palabra. En el prólogo que escribí para *Desdén* en 1990 decía: «Muda soy yo. En el momento en que destapo el ansia todo cambia y da volteretas, todo es un engranaje necesitado de otras manos, y miro con rencor el tibio resurgir de las palabras cometiendo usura con ellas, esforzándome en estrujarlas, pisoteándolas luego. Ya hechas un torrente de incómodos restos me fumo un cigarrillo». Sin duda, con la perspectiva de los años, aquella joven estaba situándose ante la vida con una gran dosis de rebeldía y soledad y las palabras no podían ser frágiles ni de cristal transparente. Se trataba de una poesía dura, con la intención de añadir cierta violencia a las experiencias que en aquellos momentos me atenazaban y sin dejarme atrapar fueron diciéndo-me:

Mujer sola, muy sola, dimitiendo en el mar
me estuve diciendo que no, que muy
lejos arbitraria y cumplidora con los paseos,
mejor nadar a perder la quilla, o que se
resquebraje por muy húmeda, meter la mano
en el peso de la partida y muy lejana
mirando el agua moverse muy sola.

Por primera vez aparece en mi poema la palabra *lejana*. Se convertiría en lejanía, que es verlo todo lejos con el paso de los años, quizás para darle esquinazos a la realidad de una joven que no quería casarse ni tener hijos en aquellos años.

Que el dolor no me rozase demasiado. La palabra convertiría en efecto real su significado mágicamente. *Lejanía*, como sabemos, significa que hay una gran distancia o en el espacio o en el tiempo con el sujeto. Interesante hallazgo que a la vez me servía para imaginarme otras vidas en lugares remotos. La imaginación emergía de nuevo como una carga liberadora y el poema daba paso a que se fuesen acomodando escenas tan reales como fingidas.

Hay muchas explicaciones sobre qué es un poema. Ninguna me ha satisfecho tanto como la de Jacques Derrida en *Espectros de Marx*:

> El poema es la experiencia de la trama, el otro nombre de la vida espectral, aquella que precisamente se inquieta consigo misma venida de la inquietud de una voluntad apenas nombrada, sobrecargando en la frase la verbalidad del vivir. En la duda o la insistencia lo que puede tramar la voluntad dicha en el motivo: quisiera por fin aprender a vivir.

Se trata de hilar la palabra con las tramas del alma. Otra palabra que me gusta mucho es precisamente *alma* por su versatilidad, ya que en realidad si le quitas el significado que ofrecen las religiones nos presenta un campo más abierto. Proviene del latín *anima* y significa soplo o viento. Es la mejor acepción, con la que me quedo, porque el *alma* es una idea y no se puede ver ni compartir. Aparece de tanto en tanto haciéndote compañía y forma parte de ti como si una estuviese desgajada, partida en dos. ¿Cómo? No lo sé. Como decía Walter Benjamin, la esencia espiritual se comunica en la lengua y no a través de la lengua.

Palabras que desobedecían, pero ¿de qué se trataba? De arrancarle al poema su pátina de falsa belleza porque las palabras no solo sirven para embellecer, como los adornos de una habitación. Necesitamos fetiches, llenar los vacíos, excepto los rincones que están a salvo de invasiones decorativas excesivas. Pero la belleza no se deja ver con facilidad, hay que sentirla, estar preparada, incluso en las mayores catástrofes. No está relacionada con el bien ni con el mal, esa dualidad de la que tanto ha insistido la poesía: «el viejo mal de miel deliciosa / que sube y que baja», escribí en un poema con una gran carga erótica.


Volviendo a la palabra *lejana* era tan seductora que mientras escribía *Acontecimiento*, o incluso antes de escribir aquellos poemas, no lo recuerdo, decidí irme lejos, a un lugar desconocido y remoto. Las razones fueron varias y cuando tuve la oportunidad realicé el largo viaje.

Lo más remoto era el sur de América y mucho más un territorio cuyo nombre despertaba una gran curiosidad, seguramente oí decir Patagonia en algún momento de mi vida sin que supiera de qué se trataba, pero ahí se quedó hasta que di curso a hacerla real.

Una se va sin saber muy bien por qué y allí encuentra una red de poetas y palabras que desconocía. Pero antes voy a practicar un ejercicio con estas palabras: *cielo, viaje, nubes, azul,* que son los colores que representaban la lejanía.

Observan en una tarde el azul
en el atardecer pálido del viaje

se van transportando las ventrudas nubes
entre el amplio tejido del cielo
mientras mis enseres cotidianos caen
reproducidos en las losas del salón.
alejando de mi ventana toda la casa.

Tiempo después de escribir este poema que había olvidado lo hallé en una de mis libretas y me apercibí de su significado. Un cambio se avecinaba en mi vida, y los poemas que escribía estaban adelantando el acontecimiento. Esos cambios de rumbo se modelan gracias a las palabras escritas, nombradas. En suma, palabras dichas de una manera o de otra. Como decía Henri Bergson, cada crecimiento es una pérdida ya que «cualquier persona al echar una ojeada retrospectiva a su historia, comprobará que su personalidad infantil, aunque indivisible, reunía en sí personas diversas que podían permanecer fundidas justamente porque se encontraban en estado naciente».

Vuelvo a la infancia, a aquella palabra que no entendía y que tanto iba a significar: *desgracia. A* medida que se desvelaba en sus pliegues me daba cuenta de que sufrir es mucho más frecuente que

sentir la belleza alada de los significantes que nos
daban algunos excelentes poemas.

> La muerte se escribe sola
> una raya negra es una raya blanca
> el sol es un agujero en el cielo
> la plenitud del ojo
> fatigado cabrío
> aprende a ver en el doblez.
>
> Blanca Varela

## SINTIENDO EL DOBLEZ

En tiempos de la inteligencia artificial ignoro si la necesidad humana de crear con palabras un lenguaje dador de testimonios y experiencias del espíritu, o como quiera que llamemos a esta necesidad de trascender-nos, será como hasta ahora. No sé si el inconsciente quedará registrado en una nube del espacio y será intercambiable o adaptable a un medio u otro en el futuro. De momento es mi gran tesoro. El inconsciente es el primer concepto fundamental del psicoanálisis y nos hace bromas que se repiten o bien como sueños, como actos fallidos o con violencia, pero también se revela en alguna poesía. El inconsciente es como una olla a presión, cuando la abres saca palabras que no tienen sentido aisladamente, puesto que nos ofrece un saber que no se sabe y no tiene conocimiento de sí. No continuaré por ese camino, aunque me gusta mucho transitarlo. No soy una experta. Sé que el inconsciente me nutre de palabras que serán percepciones y volverán a sus dobleces originarios. Existe un carácter enigmático de las palabras cuando están separadas de la cadena de significantes. Si una palabra se mantiene aislada de la cadena una se da cuenta de la extrañeza que produce, por eso la poesía sin anécdota, es decir, la poesía pura no puede ser percibida con la misma claridad puesto que no hay asideros lógicos donde sostenerla y posiblemente esa sea la razón de que se haya puesto de moda desde hace varios años, cuando se introdujo en este país el concepto *poesía de la experiencia,* que la poesía sea cada vez más simple. Sin complejidad alguna y, en muchos casos, mero fuego de artificio. El lenguaje figurado, cuyas premisas son claridad y transparencia, hace que la mayoría de los poemas parezcan escritos por la misma persona y resultan tan aburridos como previsibles. No creo que desaparezca la apasionante aventura de relacionar al sujeto con la lengua para mostrar en muchos casos que lo que está escrito parece que ya lo habías pensado. Me gusta mucho esta anotación de Alejandra Pizarnik: «Buscar. No es un verbo sino un vértigo. No indica acción. No quiere decir ir al encuentro de alguien, sino yacer porque alguien no viene». Podría decirse que la poeta argentina colapsaba el lenguaje y del golpe brotaban verdaderos poemas, al menos para mi exigencia como lectora.

Algo así es la espera ante la página en blanco cuando quieres escribir un poema pero todo lo que te sale es quincalla, ese alguien, la palabra, cuando no viene no puedes hacerla llegar. Llega sola, como una viajera a quien no esperas pero sabes que regresará si estás atenta. Hay que dejarse llevar, me parece, y que lo que nos va aconteciendo sea vivido, te envuelva, porque estoy segura de que los mayores acontecimientos de nuestra vida no los elegimos, llegan. A veces pienso que tanta información y recursos tecnológicos nos están dejando sin memoria y sin deseo.

Pero volvamos al doblez. Qué sugerente palabra, es también frunce, arruga, pliegue, bastilla, dobladillo... En casi todo pensamiento hay un doblez, algo que se esconde o no se manifiesta, puede estar en los pliegues de la memoria. Ya sé que lo que estoy diciendo es una metáfora. Hay un poema de Henri Michaux que se titula «Los 22 pliegues de la vida humana». Cada uno de ellos debe ser plegado durante el transcurso de la existencia para alcanzar la plenitud. La historia está repleta de pliegues y cada tiempo es mostrada bajo el imperio de los que convengan. Es imposible conocer la totalidad de ningún hecho pero sí rastrearlos a través de los pliegues que no nos muestran. La poesía, donde todo el contenido es evidencia, resulta tan plana que en su obscenidad nos hace sentir rechazo. El valor de un poema está en el asombro que nos pueda provocar. El poema no transmite ningún conocimiento.

Cuando lees:

Esta mano no es la mano ni la piel de tu alegría
al fondo de las calles encuentras siempre otro cielo
tras el cielo hay siempre otra hierba playas distintas
nunca terminará es infinita esta riqueza abandonada

Edgar Bayley

La imaginación comienza su trabajo y desdobla el contenido de las palabras en experiencias que te afectan. Imaginar esa riqueza abandonada que es la propia existencia nos sugiere todo lo que tenemos a mano y desechamos. Ahora veamos lo que dice Roberto Juarroz:

Sí, hay un fondo
Pero hay también un más allá del fondo,
un lugar hecho con caras al revés.


Olga Orozco también supo invitarnos a los dobleces de la realidad entre sueños, premoniciones y juegos del lenguaje, alargando las frases hasta cortarte la respiración. ¿Qué hay más real que una palabra que acierta? Aun con todas las dudas, con todas las preguntas.

Mis manos no consiguen apresar las visiones que
    pasan por mis ojos
ni mis pies tocan fondo en la hirviente cantera de
    mi corazón.
¡Y qué feroz fisura entre mi lengua y cualquier
    laberinto del lenguaje!

Y sigo con Hugo Padeletti que acertó escribiendo:

Hay blancos en el blanco
de la loza,
que resaltan la sombra
del dragón que desciende y se posa.

No puedo dejar de releer a otra de las maestras
del pliegue poético, Alejandra Pizarnik:

como un poema enterado
del silencio de las cosas
hablas para no verme.

El arte de vivir consistía en saber que en cada
pliegue se iba a dejar una herida y que cada herida es un paso hacia el presente. Gracia y desgracia,
todo a la vez. Cuando pienso en todos los encuen-
tros que la poesía me ha regalado no dejo de son-
reír interiormente con cierta complacencia. Mis
diálogos con tantos y tantas poetas contemporá-
neos o no, me ayudaban a sentirme frente al lenguaje más valiente.

Continuando con el poema de Henri Michaux, cada pliegue contiene una vivencia donde puede predominar una palabra sobre otras, puro azar, si es que el azar existe. Las palabras *fortaleza, titubeo, ventanas, cama, ángel, rincón, cigarrillo, falda, deambular, relojes, piernas, ombligo, azul, ornamento, desamor, reja, alma, maceta, alfajor, desapego, lejanía, tambaleo, automóvil, otredad*... deambulaban en mi mente. ¿Cómo decir-me?

Y sobre todo, por qué esa necesidad de escribir si por ejemplo, mi hermana, que había tenido prácticamente las mismas experiencias que yo en la infancia, no tuvo nunca el más mínimo interés por escribir nada. ¿Por qué yo y no otra? ¿Tendría algo que ver que me despojaran de mi paisaje, de los afectos de mis abuelos al llevarnos a Barcelona cuando apenas estaba despertando a la vida? Solo tenía cuatro años.

La desgracia era que me habían quitado, como decía la canción, lo que más quería, al trasladarme a una ciudad catalana y no en las mejores condiciones posibles. Se trataba de abrirse camino. Ya tan niña y tan descontenta. Sin darnos cuenta, o quizás sí, los cielos que vemos cuando eres un ser de muy pocos meses van a ser buscados y multiplicados, pero también rechazados en algunas ocasiones. No solo van a reaparecer los cielos, pura metáfora, sino las voces, los olores, las palabras, los sabores. Te trasladan y se descompone un lugar que siempre quedará des-colocado.

Me viene a la memoria uno de mis primeros poemas que se asoma como experiencia verbal de lo que estoy explicando.

Soy una larga espalda inclinada hacia el sur.
Que mi madre me dio leche ya lo sé. Que me
hincó la uña con cierta parsimonia bajo los cojines
y edredones, y su femenino amor tuvo que darme
osamenta y cutis. Gracias al fervor de las nubes
cultivó soliloquios y ella sin destreza
me puso el ombligo entre las sienes, la epidermis

en las nalgas y el placer arquea mi perfil
hondo y altanero. Declino en sombra
proyectada, enorme, rasa. Único
desligue que hay en mí.
único desligue que hay en mí.


Una no se puede despegar de ese yo que cons-
tantemente interrumpe la quietud mental que a
veces se desea. Los recuerdos nos devuelven imágenes, calles de ciudades, paisajes vistos en pelícu-
las, rostros de gente que no has conocido nunca
pero estás harta de ver en los noticieros, de tal manera que a mí me parece que en la mente, donde
todo cabe, no puedo situar la edad que tenía. Recuerdo el poema que escribió Philip Larkin al fi-
nalizar *The daily things we do*, traducido como *Lo
que hacemos cada día*: «Las situaciones que provo-
camos / con el tiempo nos crean a nosotros / y se
convierten en nuestros recuerdos».

Qué se yo lo que pensaba un dos de febrero de
1993. La mente deambula y algunos poemas dejan esa sensación escrita y al leerlo de nuevo sientes aquella vida que ya no es esta pero que siempre
es la misma.

Aparta el caminante a la que caminaba
y así surgen los cruces,
las avenidas transversales
las calles en diagonal
y las callejuelas oscuras.


En qué lugar de mí estaba, como si mi mente y yo fuésemos algo distinto, cuando escribí ese poema. Qué clase de encrucijada metaforizó una situación de injusticia del orden patriarcal respecto a lo que las mujeres no teníamos derecho. No hace tanto tiempo que somos respetadas como autoras. El poema quedó escrito y no sé si yo fui la autora o mi mente cabalgadora y curiosa. Te van quedando imágenes. Hay textos, como el de Gaston Bachelard sobre la poética del espacio, que rozan lo sublime. El poema empieza siempre del mismo modo, huye del objeto próximo y en seguida está lejos, en otra parte. La realidad colocada escena tras escena desmoronándose a cada sueño, a cada acontecimiento, a cada empujón, porque esos pliegues también tienen arañas que tejen su nido dentro y ocupan un espacio invisible que aparece de repente, al cruzar una calle o al despertar de una pesadilla.

Esa impresión de que en algún momento puede suceder algo inesperado ha sido motivo de muchos poemas escritos a lo largo de mi vida. Por ejemplo, estando en un hotel en Montevideo me desperté con un dolor de espalda muy molesto que me paralizó, obligándome a quedarme en la cama durante varias horas. Ya había escrito un poema titulado «Postal en Montevideo» unos meses antes y publicado en el año 2008 en mi libro *Acontecimiento*. Me pareció curiosa la simetría entre el poema y el dolor de espalda en la ciudad del Río de la Plata:

POSTAL DE MONTEVIDEO

Hay momentos que sorprenden
como leer que el abandono entre dos seres
que alguna vez se quisieron
obedece a una ley inmutable
por agotamiento del tiempo.
Y mientras te pones crema en la cara
y deduces que a la estufa de butano
le falta poco tiempo, un río de coches
te altera la presión sanguínea
sin salir de casa.

El poema vino a mi memoria por la resonancia que tenía la palabra Montevideo en mi vida. La coincidencia de la vivencia no era una especulación voluntaria ni lógica, sino que como una fruta madura, cae de repente y se estrella sobre ti. Me ha sucedido muchas veces, que lleguen unos versos simultáneamente y lleguen a conjurarse en mi vida. Montevideo es una ciudad sin apenas montañas, el paisaje recuerda mucho al de la campiña cordobesa donde nací y que perdí a la edad de cuatro años. El verde, el azul del cielo hincándose literalmente en el horizonte a ras de suelo… ofrecían un aire familiar que sin ser el mismo, era parte de idéntica emoción y encontré lo que había perdido cuando era una niña.

> Atravesando la interminable estepa
> con unos guantes, íbamos en un auto
> prestado, los agujeros del firmamento
> se hacían a un lado (…)

La palabra *rincón* surge de tanto en tanto de mi inconsciente como un lugar apetecible para esconderse. Cuando era pequeña y venían visitas los domingos a casa yo sentía un gran rechazo a que invadiesen mi territorio y no me apetecía saludar y ser graciosa. Lo más cómodo era meterme o bien debajo de la cama o en un rincón del armario. ¿Era aquel huidizo comportamiento fruto del rencor que sentía hacia mis padres por haberme trasladado de mi paraíso infantil en la provincia de Córdoba? No hay respuesta, puedes elegir lo que quieras. El resultado es que la palabra crece como si fuese una semilla y ocupa una parte importante del territorio de tu alma o espíritu, no lo sé.

En algunos poemas escritos a lo largo de mi vida he empleado esa palabra que siempre estaba relacionada con un estado de ánimo melancólico sintiendo mucha soledad. La soledad no elegida ya sabemos que puede herirte. Ahí estaba la palabra mágica: *rincón*, donde refugiarme. Gaston Bachelard, maestro de la metáfora, dice en *El espacio literario*: «En *Mi vida sin mí* Rilke escribe: "Bruscamente un cuarto con su lámpara se puso enfrente de mí. Ya estaba yo arrinconado en él cuando las contraventanas me sintieron, se cerraron". ¿Cómo decir mejor que el rincón es el casillero del ser?».

César Vallejo en su libro *Trilce* lo nombra pero lo sitúa fuera, no dentro: «en el rincón aquel / donde dormimos juntos tantas noches». El poema «Ajedrez» de Jorge Luis Borges también emplea la palabra: «En su grave rincón, los jugadores / rigen las lentas piezas. El tablero / los demoraba hasta el alba en su severo / ámbito en que se odian los colores». Casi siempre el rincón es un lugar físico, no es una parte del ser y, sin embargo, es tan elocuente su significado. El doblez de las palabras, su polisemántica, ahonda en el inconsciente y dota de significados a la palabra que en español suena como *rincón*. Pero me pregunto ¿y en francés, italiano, o inglés? Hago una búsqueda con el traductor y no se parece más que el catalán: *racó*, pero el inglés o francés, *corner* y *coin*, el italiano, *angolo* y el alemán *Ecke*. He probado también cómo se dice en japonés y en otras lenguas. Es un ejercicio curioso porque evidencias aquello que decía Saussure, que el significante se corresponde con el significado, es decir, la palabra y la idea que te viene al nombrarla, aunque el signo lingüístico es arbitrario. Precisamente por eso siento gran admiración por quienes se dedican a traducir poesía. Es una de las tareas más delicadas que existen.

Revisando mis libros de poesía para buscar la palabra que me lleve a aquel estado de ánimo, encuentro algunas secuencias que ya no volverán y que se se abren en la mente y desaparecen caprichosamente como si las palabras tuviesen alas.

> La cocina no es muy grande
> se puede echar un vistazo al mar
> si te subes al peldaño de la terraza.
> La tostadora está mejor cerca
> del fregadero. Se lava las manos
> en un ejercicio de noble interioridad
> parecido a buscar la página de aquel libro
> cuando ella era un rincón. (*Acontecimiento*)

Me pregunto ¿es la poesía una parte viva de la palabra? ¿Es un bloque de tiempo condensado en la letra escrita? No puedo dejar de pensar en aquellos hombres y mujeres que han trabajado con el lenguaje transmitiendo conocimientos a través de arañar los duros componentes de las frases cuando aprendemos qué es un sujeto, un predicado o un verbo. Todo eso que es tan necesario para ordenar nuestras ideas, en el poema deja de tener el mismo sentido lógico. No creo que los poemas tengan que ser lógicos.

Volviendo a Gaston Bachelard voy a transcribir otra de sus deslumbrantes reflexiones:

> Subir la escalera en la casa de la palabra es, de peldaño en peldaño, abstraerse. Bajar a la bodega es soñar, es perderse en los lejanos corredores de una etimología incierta, es buscar en las palabras tesoros inencontrables. Subir y bajar, en las palabras mismas, es la vida del poeta.

Dejemos a la niña con su imaginación en otra parte, con su dolor por no recibir los desayunos del abuelo en el alféizar de la ventana y ahora vivir en un bloque alto cuya ventana da a otros edificios de viviendas. El impacto visual debió de ser tremendo, no lo recuerdo, sin embargo… lo sé. La fascinación por los bloques de pisos en grandes ciudades fue un nuevo descubrimiento que dejaba atrás las ventanas bajas del pueblo de donde partí.

Tantos poemas que contuviesen la palabra *ventana* me han gustado, que solo por verla aparecer en un poema me compraba el libro.

Pasamos del rincón a la ventana, de estar dentro a estar fuera y en esa dualidad el lenguaje perfila tiempos y espacios diferentes. *Ventanas altas,* de Philip Larkin, fue un poemario que me compré por el título. Es curioso, voy a la estantería para buscar el poemario y aparece ante mis ojos sin realizar la búsqueda. Lo abro y me encuentro con un poema que fue el arranque de otro poema que escribí en aquellos años.

> He empezado a decir-me
> «Un cuarto de siglo»
> O «treinta años atrás»
> Sobre mi propia vida.
> Me corta la respiración
> es como caer y ascender
> en enormes, aparatosas vueltas
> a través de un cielo vacío (…)

Las ventanas de Edward Hopper, las de Chirico, tantas ventanas en pintura y en mis apartamentos. Cada vez que terminaba un libro, sentía que necesitaba cambiarme de apartamento. Ahora eso sería imposible, pero no hace veinticinco años, cuando los alquileres eran razonables y te podías permitir vivir sola en una casa con ventanas.

«Adoro las ventanas y beber / bebo para la tirria / para comprender». Es un poema de mi libro

*Pormenor,* era una mujer joven quien lo escribió, en otro pliegue de mi vida. Ya nada queda excepto la que fui y algunos poemas. Pero la seducción por las ventanas quizás estaba relacionada con las de mi pueblo y después con las que descubrí en la ciudad de Barcelona, yo estaba dentro y también afuera, la idea era de nuevo sentir la lejanía. Se repetía la sensación. Alberto Caeiro, un heterónimo de Pessoa, lo dijo así:

No basta abrir las ventanas
para ver los campos y el río.
No es suficiente no ser ciego
para ver los árboles y las flores.
También es necesario no tener ninguna filosofía.
Con filosofía no hay árboles, no hay más que idea.


Un poema afecta a quien lo lee en cuanto siente que hay algo de verdad en lo que dice. Definir lo verdadero de lo falso no es fácil cuando pienso en los poemas que me han gustado o han incendiado mis convicciones, siempre son los más interesantes. Te puede gustar una rima de Bécquer pero no se puede decir lo mismo de César Vallejo o de Luis de Góngora. Con las *Soledades* de Góngora tuve una relación ambivalente, quería entenderlo pero era imposible. A medida que avanzaba unos versos, si no continuaba apoyándome en las anotaciones del estudioso que se había encargado de interpretarlo, no podía entrar. Aquellos enigmas eran un reto así como su capacidad verbal en el despliegue de nuevas palabras que dejó en la lengua española. No voy a entrar en el personaje y poeta ya que está sobradamente estudiado. Solo quiero dejar constancia de la atracción que ejerció sobre mi formación como lectora atravesar los cortinajes de sus textos poblados de latinismos, hipérbatos, alusiones mitológicas. Acaso fue una puerta que me dio permiso para entrar a habitaciones reservadas solo para los muy doctos poetas impresos en los libros de texto. La ventana se abría por cada poeta que me retorcía la mente y me sacaba de lo previsible

>           atrapada en la red
>           aletea monda y lironda
>           la trashumante
>           la vieja palabra jamás escrita

sorda a gritos
da lo que da
el silencio.

Escribe Blanca Varela en su poemario *Concierto animal.*

Una tarde, después de salir del colegio, debía de tener 9 o 10 años, mi padre apareció en casa con una pizarra que había hecho él mismo con una plancha de hierro enmarcada en madera. Para sostenerla en la pared había colocado un *cáncamo,* palabra que me llamaba la atención por su sonoridad. La tiza corría por la superficie y feliz la colgué en la pared de mi habitación compartida con una de mis hermanas. Anotaba en ella palabras que me gustaban. No recuerdo cuáles eran, solo retengo el placer que sentía al rasgar con la tiza la superficie de la pizarra que, por cierto, no era muy grande. Me sigo preguntando cómo aquella niña le prestó tanta atención a las palabras mediante lo que escuchaba, era el asombro por no saber qué significaban muchas de ellas, puesto que no había apenas libros en nuestra casa, tan solo una enciclopedia de tapas rojas que servía de adorno en el mueble del comedor.

He llegado a adquirir bastante destreza atrapando palabras en cualquier lugar para poner imágenes en sus significados. En las paradas de autobús hay muchas oportunidades. Me sorprendió una vez oír decir a una mujer en una parada de Sevilla: «Se puso roja como el pimiento colorado». Asocié la imagen de pimientos colorados grandes y jugosos con un rostro también hermoso y el ensamblaje fue perfecto. En otra ocasión una mujer bastante mayor, eso me parecía, hablaba con alguien diciéndole: «Le tuve que decir sentencias», me pareció una expresión hermosa, ajustada, la sentencia cerraba la posibilidad de abrir más caminos a lo que estaba diciendo.

Mis oídos se llenaban de un rumor lejano de conversaciones que se han perdido para siempre. Un muestrario de ellas tenía nombre de dulces como *mantecado* (pronunciado sin la d), *alfajor* o *membrillo*, pero también entraban expresiones en catalán. No recuerdo ninguna palabra en especial, algo seguramente quedó en estos pliegues que poco a poco voy completando. Vivir en dos lenguas es enriquecedor pero no deberíamos dejar que intervengan los políticos que se consideran amos de las mismas.

Me gustaban los poemas en otras lenguas, los leía con ayuda de un diccionario, las palabras son tan diferentes y, sin embargo, al completar la imagen después de esforzarte en entenderla, cierras los ojos y comienzan a adquirir sentido las metáforas que recogen todo lo moviente de la lengua. Como en el poema de Ingeborg Bachmann «Nada de Delikatesen» que traducimos, con Cecilia Dreymüller, a finales de los años noventa y publicamos en *Últimos poemas*. Reconozco que mi alemán es muy precario y lo que más me gustaba de aquellas traducciones era convertir la lengua alemana a la española tratando de encajar las metáforas más adecuadas. Fue un trabajo arduo pero me enseñó mucho acerca de la lengua.

Ya nada me gusta.
¿Debo ataviar una metáfora
con una flor de almendro?
¿crucificar la sintaxis

sobre un efecto de luz?
¿Quién se romperá la cabeza
por cosas tan superfluas?
He aprendido a ser sensata
con las palabras
que hay
(para la clase más baja)
hambre
        deshonra
            lágrimas
                tinieblas (…)

Me seguía atrayendo la palabra *lejanía*, así como *traslado*, *equipaje*, *ruta*, *mudanza*. Estaba escrito que los viajes iban a tener un importante papel en mi vida durante varios años. En Argentina, a principios de 2001, descubrí palabras nuevas como *friser*, *campera*, *bombacha*, *colectivo*, *laburo*, *groso*, *mina*, *morfar*, *pibe*, *puto*, *vos*, *papa*, *durazno*, *frutilla*, *alcaucí*, *vos*… Era el mismo idioma y qué cadencia tan distinta. También las palabras utilizadas en poesía caían de otra manera, con un vuelo más libre que al que estaba acostumbrada en España. Con la lengua más suelta y menos atada a los convencionalismos. No voy a enumerar la cantidad de poetas que descubrí pero sí quiero recordar una anécdota que llega de mi primera visita a Tierra del Fuego, en la ciudad de Río Grande. En aquel territorio habían vivido durante años pueblos originarios como los Selknams hasta que los exterminaron cometiendo un genocidio en las campañas que realizaron a finales del siglo xix.

La poeta Niní Bernardello vivía allí desde finales de los setenta, tuvo que huir de su Córdoba natal con su compañera perseguidas por la dictadura del año 1976. Niní hablaba como si estuviese orando, era una mujer muy pausada, antes de decir algo lo pensaba y se te quedaba mirando fijamente, como esperando que asintieses a lo que te estaba diciendo. Guardaba sus poemas envueltos en un material de plástico negro, decía que eran radiografías y que no quería que entrase luz alguna en aquellos cuadernos. Tuve la suerte de que me mostrase alguno. Ella también pintaba y dibujaba. Me dijo que muchos de sus poemas los había escrito al dictado de voces que no eran la suya. Se los había transmitido la voz del pueblo Selknams. Era la transmisora y no podía dejar de escribirlos sabiendo que le llegaban de otra parte.

En uno de sus poemarios tengo anotada en la primera página: «Dentro de un rayo de sol que entra por la ventana a veces vemos la vida en el aire y lo llamamos polvo…». ¿Era un verso de ella? ¿Mío? No lo sé, me asombra y brilla sin necesidad de conocer la autoría. El poema que habla en voz de los Selknams es este:

Mi estética orilla la ceja, el párpado azul
de una estela pretérita. Dentro de mis zapatos
un tocado de tilos. Temida abstracción
que sufro sobre paños de alcohol
frambuesas en el pecho descendiendo
hacia el cetro de un volcán roto.
Ya no hay paraísos, es el hielo
de un recorrido inútil,
archipiélago de ensueño maldecido por siglos
a la vista de enormes fragatas inglesas.
Opaca visión en línea recta
como disparo de flecha o lanza
principal admisión de la pobreza
del hambre y la desolación
ojos cerrados bajo la lluvia.
Teke uneká
NO ENTIENDO

¿De qué se trataba? Es difícil explicarlo. ¿Se puede hablar por otro? No lo sé, nacemos con el lenguaje incorporado biológicamente. Ignoro hasta dónde llegará la inteligencia artificial si pudiera apropiarse del «lenguaje» de cada ser humano. Yo siento fogonazos de palabras que asombran por la aparente incoherencia de cada verso saltando de un lugar a otro sin tener en cuenta el orden espacial ni temporal aunque nos ubiquen. No hay nada que entender, solo puedes estar dentro de él, habitarlo. Me llega un resplandor de aquellas escenas violentas, un mínimo fulgor que con las palabras en su lengua *Teké uneká*, completan la fragmentada escena. Esta expresión significa «no entiendo lo que dices», y esta frase fue utilizada por Robert Fitz Roy, quien al visitar Tierra del Fuego en la expedición de Charles Darwin realizada el año 1831, escuchaba repetidamente esta respuesta ante cualquier pregunta que se les hiciera a los nativos.

Qué lejos me he ido, mientras enciendo el aire acondicionado de mi piso cordobés y el ritmo de la ciudad se detiene debido a las altas temperaturas. Estoy en el sur de España, cerca de donde nací, veo desde el balcón la campiña cordobesa. El

viaje de regreso de aquella niña lo ha realizado se-
senta años después. Es curioso porque siento extrañamiento y los pliegues que van quedando cada
vez son menos.

### DONDE

Frecuente es
hay recuerdos
que se desapegan
de ti, estiran del
tiempo su modelo
y dan claroscuros
en la noche pensante,
entonces todo lo que fue
deja una estela vacía
que te desubica.
Ya no es asunto tuyo
el tejado que se aleja
del sótano, dejando las
puertas sin dinteles
golpeadas, acaban
cayendo donde estuvo
el sofá. Desposeída
giras el rostro
y te aferras
a lo que
espejea.

Eliges una manera de vivir y transitas por los lugares que van abriéndose en la medida en que puedes. Ya he dicho antes que me parece de gran relevancia sentir el cuerpo, sentir la vida y no tengo una especial dedicación a recrearme con las heridas que esta nos va dejando. El instante es lo que vale, oro del tiempo. Aquellos poemas metafísicos de Pessoa habían causado más efecto en mí que las lecturas de filosofía a lo largo de los años.

En mi libro *Las proximidades*, titulaba los poemas así: «Ya no queda nada de todo aquello», «Hábiles rescates», «Vista desde la ventana del hotel», «Mientras la traba», «El comienzo de la sabiduría», «Donde te haces adorable», «Presencias tan solo visibles si el viento las trae», «No hay nada como estar presente con el cuerpo»... Los pongo uno debajo de otro, alineados, puedo formar otro poema de instantes, de traslados, de rescates. ¿Qué era la poesía? Lo más próximo al lenguaje. Cierto mediodía estaba en la cocina con mi madre que ya estaba bastante enferma. Ella quería ayudarme a cortar ajos y cebolla para una paella que estaba cocinando y cuando acercó la palma de su mano temblorosa llena de ajo picado y perejil y la puso en la mía para echarlo en la olla, sentí que aquello era la máxima proximidad de aquel momento.

Vamos a imaginarnos que estamos en un crucero transatlántico. Hay hileras de hamacas en uno de los pasillos exteriores, son de color azul y verde. Vemos una vacía y nos tendemos sobre ella. Comenzamos a pensar y a sentir los sonidos, nos olvidamos del tiempo y la imaginación comienza a volar de un lado a otro mientras también sentimos el sol sobre el cuerpo. Es un momento de éxtasis. El placer ahoga los pensamientos y juicios a causa del balanceo y del sol. Esa sensación solo dura un instante, en cualquier momento puede arreciar una tormenta, o alguien que cruza corriendo y te distrae. Todo puede cambiar.

Ahora nos imaginaremos que estamos en un hospital público. En la sala de espera hay mucha gente. Estamos aguardando el resultado de la operación de un amigo querido. Cerramos los ojos y sentimos el murmullo de la gente y el sonido de las ambulancias, tenemos miedo, el miedo te deja en silencio y somatizas en el cuerpo cierto temblor en los labios.

Cambiamos de escenario. Viajamos en un automóvil. Miramos de tanto en tanto el exterior urbano, sus calles, edificios, avenidas, tiendas, árboles. Nos detenemos ante un semáforo, durante un instante nos vamos con la imaginación o con el recuerdo, nos ausentamos del momento presente produciéndose un instante de vacío, de sensación de estar viva, sin más, y te asombras porque has liberado tu mente y encaja el momento con la sensación.

En las tres situaciones la conciencia se relaja y nos deja a solas con la escena y la reacción que esta ha producido en el cuerpo: placer, temblor y asombro. No hay muchas palabras para decirlo, solo un efecto de conexión con el cuerpo, lo que piensas acontece en ti, lo que sientes no es la duración sino la ausencia de tiempo. ¿Por qué no puede el poema llegar hasta esa zona de intervalo intenso?

Recordemos que dejamos a la niña en un rincón, después sintió placer por las ventanas, se ponía contenta bajo los cielos del Río de la Plata, sus pliegues eran como faldas moviéndose al viento. Una realidad incluía otra, saltando de una dimensión espacio temporal a otra. ¿Podía el poema capturar aquellos instantes?

La escritora uruguaya Armonia Somers me pareció muy elocuente para narrar el extrañamiento en una novela titulada *Un retrato para Dickens*:

> Yo lo sentí en el cambio brusco de cada cosa. Las plantas de sus macetas no se movían, el molinillo de café no tenía sentido sobre la mesa, y flotaba en todo un vaho como de vestidos sin el cuerpo, como de retrato que ya no iría jamás a ser besado por nadie. Entonces, según decía, el ángel vino derecho a mí y me desafió.

Víctor Frankl en su libro *La vida en busca de sentido* hacía referencia a que a veces, a causa del asombro por la belleza, los prisioneros olvidaban las terribles condiciones de su entorno.

Si en el trayecto de Auschwitz a un campo de Baviera alguien hubiera visto, asomados a los ventanucos de los vagones del tren, nuestros rostros radiantes al contemplar las cimas de las montañas de Salzburgo, refulgentes por la puesta de sol, no habría creído que fuésemos hombres que habían perdido toda esperanza de vida y libertad.

Tengo en mi mente decenas de poemas y palabras con las que podría describir la belleza, incluso en la habitación de un hospital después de haber sido intervenida por un cáncer de mama, las tardes aquellas de puestas de sol tras el ventanal y las amigas que me traían ofrendas, no hay mayor belleza que el amor en estados donde estás más vulnerable. No hay palabras para relatarlo tal como lo siento ahora mismo, que lo recuerdo. ¿Se puede recordar un dolor? No, sin embargo los instantes que rodearon aquella situación no dejan de emitir sensaciones de completud. La poesía puede acercarse, merodeando con las palabras, a aquellos asombros.

> Los estados de ánimo
> bolas de billar, cuentas de rosario,

movimientos, alcanzando
penumbra en agujeros con salida,
ocaso en la mente, ascender
a la sabia compostura del azar,
si la tierra dejara de moverse
alinearía lo oculto y todo
sucedería al mismo tiempo.
Esto y aquello, lo otro y tanto.
O nada.

La capacidad de asombrarse la desarrollamos durante la infancia y mucho mejor sería no perderla nunca. Decía el poeta Aldo Pellegrini que se llama poesía «a todo aquello que cierra la puerta a los imbéciles».

Casi todo lo que genera la palabra *negocio*, es decir, negación de ocio, deja el asombro arrinconado. La metáfora es una flor que estalla, como un poema que llega de repente y no importa quién lo haya escrito. Palabras que asombran cuando las abres, como la flor que estalla, que importan, que quiere decir «llevar dentro», esto me importa porque lo llevo dentro y lo que llevo dentro es mi bagaje lingüístico para expresar emociones y no necesariamente comunicar nada como ya he dicho antes. El vaciamiento sensorial y conceptual que llevan algunas imágenes es más elocuente que muchos textos plagados de anécdotas. Hablo de lenguajes diferentes. Terry Eagleton nos dice que haber leído un poema nos deja con un sentido renovado de la frase. Por ejemplo palabras que gritan en una simultaneidad de acciones que se desarrollan en la voz de Gloria Gervitz en su hermoso canto «Migraciones», poema escrito y reescrito a lo largo de más de treinta años y a mí me producen ganas de abrazarlas, de estar con ellas:

> (…) llegan las Tehuanas y las Juchitecas y la de Salina Cruz
> son mujeres de grandes tetas con pezones de amapola
> imponentes medusas con iguanas en la cabeza
> medusas con arracadas de oro y huipiles bordados
> acostumbradas a llevar las riendas
> acostumbradas a las grandes comilonas
> acostumbradas a las grandes borracheras
> acostumbradas a darse placer frotándose el clítoris con aceite de coco
> acostumbradas a amamantar niños y a amamantar hombres (…)

El asombro de encontrar en su léxico todo tipo de expresiones, a eso me refería cuando descubrí la lengua de poetas latinoamericanas, con el cabello suelto, sin haber ido a la peluquería. Nuestro organismo es omniperceptivo y sentimos con la piel y los huesos, con el estómago y el lenguaje.

La poeta y excelente lectora Noni Benegas, cuando presentó mi libro *Cuota de mal* en la Biblioteca de la Casa Encendida en Madrid, me sorprendió por la lectura que hizo de mis poemas. Traigo sus palabras aquí por el asombro que me produjeron ya que también asombra lo que percibe una lectora inteligente completando el sentido del poema siempre abierto.

Dijo:

Es un libro compuesto de instantes, escritos a manera de «Koans», esa especie de «adivinanzas cifradas» de la tradición Zen, donde el maestro plantea al alumno un problema. Un problema que puede parecer lógico o banal.

Pero, para resolverlo, hay que desligarse del pensamiento racional corriente. Hay que trascender el «sentido literal» e intuir el que se oculta. Cuyo tono, en los poemas de Concha, es decir, el tono que baña la escena que allí se muestra, lo decide el título.

Por ejemplo, el tercer poema se titula «Run-Run» y alude al runrún que: *Como un chorro de aceite / empapa la superficie / del pan, del pescado, / de la mano que unta el cuerpo / no entero, a pedazos: el brazo, / la garganta y ojalá las cuerdas vocales, /parte del pie, las orejas. / Oyó tantas músicas, pero cuántas quedan.*

Una música pegadiza, pues, ese run-rún que como aceite nos inunda y se repite en bucle en nuestra cabeza.

Aquella niña ya no se asombra por las palabras capturadas en las conversaciones de sus padres, aunque las ventanas siguen siendo motivo de diversas conjeturas. No hay más material lingüístico que el de tu propia historia acompañada, siempre, de las lecturas que en alguna medida son los termómetros de tus intereses durante los pliegues de vida. La riqueza abandonada a la que aludía Edgar Bayley está en las estanterías de mi casa, libros clasificados por materias donde la poesía ocupa el mayor espacio. Durante el último traslado hasta ahora desde Barcelona a Córdoba, los operarios que traje-

ron en un camión mis enseres se sorprendieron de
que casi todo fuesen cajas llenas de libros. Escribí
un poema simultaneando varias escenas antes de
irme de Barcelona. Titulado «Mientras».

Mientras pienso en tirar la basura que queda
un viernes por la mañana
veo que al horizonte de la ventana
le han robado un centímetro de mar.
El bloque de pisos se elevó durante un año
hasta tapiar la lejanía.
Solía transitar cerca para ir
al supermercado, mientras
trataba de olvidarme de la que fui.
Palabras, intenciones, verbos,
los verbos generan más movimiento
que los adjetivos o los pronombres,
se acumulan en el hemisferio cerebral
sus partes se llaman lóbulos,
uno reserva recuerdos ocupándose
de retener lo más próximo, otro
hace posible que veamos lo que hay
mientras uno más me hace sentir
este olor a perfume de cedro
mientras tomo café.

En cada temporalidad de nuestras vidas disponemos de puntos de vista distintos, como decía al principio de este ensayo, no somos más que una sucesión de estados discontinuos. No se puede escribir el mismo libro porque cada pliegue es un reverso y la vida nos cambia, así como el vocabulario que se emplea en los medios de comunicación, cada vez con menos matices. No es sorprendente que la capacidad lectora esté disminuyendo. Me pregunto, con Franco Berardi, ¿cómo crear espacios autónomos para sobrevivir en felicidad?, ¿cómo salvar y transmitir el mensaje de igualdad y amistad, mientras se desencadena la peor de las tempestades?

Este continuo forjeceo entre lo que tienes, tuviste y crees que tendrás, que siempre es mental, a veces no encuentra las palabras para decirlo. En tiempos de largas crisis no salimos indemnes si somos mínimamente conscientes. ¿Qué palabras son las que pueden darnos lucidez y compasión?

Creo que no hacen falta grandes discursos, casi nadie está dispuesto ya a escuchar textos largos ni frases de más de treinta palabras seguidas. Perdemos mucho con la pérdida de palabras. Hay demasiados intereses en que la balanza vuelva a volcarse sobre el mal, el mal es todo lo que estamos viendo en los medios, la *desgracia* triunfa en la destrucción de poblaciones, del medio ambiente, por la glotonería de tantos políticos.

Aunque la poesía sea una operación analógica centrada en la metáfora, su recepción también es metafórica y se debe estar preparada para abrir o consolidar el gusto de los lectores. Las tensiones sucesivas que provoca oír fragmentos de conversaciones, frases oídas al vuelo, charlas entre amigos que se ríen, capturas de la palabra viva en medio de la calle, en cualquier ciudad, todo ello está también en el poema. Podemos ser éticos o todo lo contrario, envolver con palabras un mundo en el que la belleza no deja de sorprendernos sin llegar al buenismo o a la enajenación. Como escribió el poeta argentino H. A. Murena «Sólo / atento / no hay / que estar / preparado».

Preparadas para la escucha vigilante de palabras manipuladoras para desecharlas, de poemas donde no hay poesía y sí demasiado ego, atentos a la velocidad en la que estamos atrapados con las exigencias que nosotros mismos nos imponemos. Cuanto más tiempo se tiene, que es el tesoro de cada vida, menos lo valoramos.

Aquella niña que se sorprendía con todo continúa en alerta constante, la cualidad de escuchar y leer no se pierde si la cuidas. ¿Para qué lees tanto?, me dijo alguien una vez. Porque me siento menos sola, le contesté. La obra de la escritora francesa Annie Ernaux recorre todas esas diversas nimiedades de la vida cotidiana prestando atención a todo lo que la rodea. En el *Diario del afuera* anota:

> Le pregunto a la joven peluquera que se ocupa de mí: «¿Le gusta leer?». Responde: «no me molesta leer pero no tengo tiempo», («No me molesta» lavar los platos, cocinar, trabajar de pie, la expresión para decir que somos capaces de hacer tranquilamente cosas molestas. La lectura, puede ser, entonces, una de esas cosas).

Perderse es una buena costumbre que he ido practicando con los años y aunque a veces darle esquinazo a tanta «realidad» no es fácil, se requiere un adiestramiento mental importante. No quiero romper el lazo que me remite a la imagi-

nación ni al asombro, razones hay para ello, pero
sería sucumbir. El mal está en todas partes, cada
uno de nosotros no carece de una o varias cuotas
de mal. El mal te deja desamparada, qué hermosa palabra, des-amparada: abandonada y sin pro-
tección. La palabra es la embajadora de la realidad
pero puede engañarnos y seducirnos. Como en este poema publicado en *Cuota de mal*.

No se puede demostrar que algo tan pueril
como pensar en la justicia te convierta en justo.
Sobrecogía ver al poeta recitar una serie
de endecasílabos encadenados cuyo tema
no se apartaba un milímetro del discurso
que alinea sílabas y ordena el mundo
en un sinfín de dictados aprehendidos
apresados por el peso de la inacción.

Si no encontramos las palabras para nombrar
este presente que se repliega con uñas puntiagudas
arañando la superficie de la belleza, es mejor seguir
perdiéndose hasta encontrar la manera de decirlo.
La poesía tiene su campo abierto, como siempre,
incluso en el exceso, podemos encontrar la buena
hierba comestible entre tanta maleza.

Leamos un poema de Abu Bakr al-Turtushi (1059-1126), su obra *La lámpara de los príncipes* sirvió como modelo para la educación, combinando ética y espiritualidad en el gobierno. Un poema suyo lo tengo subrayado en una antología de *Poemas arabigoandaluces* de Emilio García Gómez con fecha 1982, al ejemplar se le caen las hojas pues la encuadernación es muy mala, sin embargo, su contenido guarda tesoros.

Sin cesar recorro con mis ojos los cielos, por si viese la estrella que tú estás contemplando,
Pregunto a los viajeros de todas las tierras, por si encontrase alguno que hubiese aspirado tu
    fragancia.
Cuando los vientos soplan, hago que me den en el rostro, por si la brisa me trajese tus nuevas.
Voy errante por los caminos, sin meta ni rumbo: tal vez una canción me recuerde tu nombre.
Miro furtivamente, sin necesidad, a cuantos me encuentro, por si atisbara un rasgo de tu
    hermosura.

Los pliegues se van cerrando. ¿Dónde se ubicarán de nuevo? ¿Dónde me reencontraré con más palabras y más poemas? Leer y escribir no está separado de la vida, y vivir para relatar todo aquello que parece incomprensible y sin embargo, aparece en un poema, nos asombra. Nos apercibimos de que aquello que nos dice, o no nos dice, ya estaba allí y acabas reconociéndolo.

Tengo sobre la mesa varios libros amontonados, algunos están sin leer aún, otros que he sacado de las estanterías me hablan con subrayados míos, como el de Jean-Paul Sartre en *La náusea*, una edición del año 1947 editado en Buenos Aires. Tengo resaltado, entre otros, este fragmento:

Tengo miedo de lo que va a nacer, de lo que va a apoderarse de mí, ¿y arrastrarme, a dónde? Será necesario una vez más que me vaya, que deje todo lo proyectado, mis investigaciones, mi libro? ¿Me despertaré dentro de algunos meses, dentro de algunos años, roto, decepcionado, en medio de nuevas ruinas?

¿Dónde me compré ese libro? ¿Fue el causante de que me invitase, años más tarde, a escribir diarios? El papel está amarillento, los bordes se han resquebrajado, sus palabras brillan con tanta intensidad como la que tenía cuando lo adquirí. ¿Me está diciendo algo nuevamente?

Mientras me asomo al balcón a mediodía pienso en la palabra *intervalo*, en la *espera*, en palabras que todavía significan lo mismo, algunas con el brillo un poco más apagado, *vestido* y *oraciones*, *campo* y *amapolas*, *glúteo* y *sangre*, otras son intermitentes, *poema*, *salud*, *arcón*, *laudatorio*, *partida de nacimiento*, *vejez*, *alma*, *espíritu*, *pérdida*, *ganancia*, *lustre*, *abalorio*, *rapidez*, *rojo*, *azul*, *femenina*, *solventar*, *fricar*, *follar*, *fatuo*, *estúpido*, *amoroso*, *morisco*, *tenue*… me gustaría hacer un soneto con todas ellas pero prefiero que dancen en mi mente cambiante. La desgracia está, quizás, en que se vayan borrando las palabras sin que haya nada ni nadie que las contenga para volverlas a verter sobre esta bola del mundo llena de seres condenados a repetirse.

CONCHA GARCÍA
*Córdoba, octubre 2025*

Di fin a este libro a finales de octubre de 2025, mientras el verano no acababa de pasar y disfrutaba de los atardeceres que me regalaban mis dos balcones orientados hacia la campiña cordobesa, donde nací sin haber vivido nunca allí.

*Dentro de un rayo de sol*
*que entra por la ventana*
*a veces vemos la vida*
*en el aire*
*y lo llamamos*
*polvo.*

COLECCIÓN DE LA BELLEZA